AF619722

CHRISTOPHE
ET
PIERRE-LUC,
PARODIE
DE CASTOR ET POLLUX,
EN CINQ ACTES,

EN PROSE ET EN VAUDEVILLES;

PAR M. DESPRÉAUX, Pensionnaire du ROI, Ordinaire de l'Académie Royale de Musique.

Représentée devant LEURS MAJESTÉS, *à Trianon, le Mai 1780.*

DE L'IMPRIMERIE

De P. R. C. BALLARD, seul Imprimeur de la Musique du ROI, des Menus Plaisirs de SA MAJESTÉ, de Monseigneur & Madame la Comtesse D'ARTOIS.

Par exprès Commandement de SA MAJESTÉ.

ACTE PREMIER.

PERSONNAGES CHANTANS ET DANSANS.

BASQUES,

Le Sr DAUBERVAL. La D[lle] THÉODORE.

GENS DE LA NOCE.

Les Srs Dossion, Rogier, Laval fils, Ducel, Barré, Hennequin, Giguet, Coindé.

Les D[lles] Coulon, Adélaïde, Muller, Raine, Godeau, Puissieux, Jenny, Victoire.

SUITE DE L'INSENSÉ.

Paysans armés de bâtons.

Les Srs Abraham, Simonet, Trupti, Duchaine, Le Bel, Guillet.

ACTE II.

PLEUREUSES.

Les D[lles] LAFOND, COULON.

Les D[lles] Godeau, Puissieux, Victoire, Jenny, Muller, Raine.

POUR LE TRIOMPHE DE PIERRE-LUC.

Les Srs Dossion, Giguet, Hennequin, Laval fils, Barré, Coindé.

PRISONNIERS.

Les Srs Simonet, Abraham, Trupti, Duchaine.

GLADIATEURS.

Les Srs VESTRIS fils, NIVELON.

COMBATTANS.

Les Srs Le Breton, Le Doux.

ACTE III.

SUITE DE PERLINPINPIN.

Les Srs Giguet, Rogier, Coindé, Simonet, Trupti, Duchaine.

PLAISIRS DE CIRCASSIE.

Le Sr GARDEL l'ainé, en femme.

Les Dlles Lafond, Coulon, Adélaïde, Muller, Jenny, Raine.

RIS OU RIBOTTEURS.

Le Sr NIVELON.

Les Srs Le Roy, Le Doux, Guillet, Hennequin.

JEUX.

Le Sr VESTRIS fils.

Les Srs Le Bel, Abraham, Ducel, Barré.

ACTE IV.

MAUX DE L'UNIVERS, *avant-coureurs du Trépas.*

LA FIÉVRE,	*Les Sieurs*	Le Breton.
LA COLIQUE,		Laval, fils.
LA MIGRAINE,		Le Roy.
LE MAL-CADUC,		Trupti.

LA GOUTTE,		Duchaine.
LES VAPEURS,		Hennequin.
LA FLUXION,	*Les Sieurs*	Simonet.
LE FRISSON,		Guillet j.
LE CHAGRIN,		Candeille.

LES PARQUES.

Les Dlles Godeau, Gontier, Puissieux.

OMBRES.

La Dlle GUIMARD.

Le Sr VESTRIS fils. La Dlle THÉODORE.

Les Srs Rogier, Ducel, Henry, Guillet l.

Les Dlles Adélaïde, Lafond, Coulon, Raine.

Le Sr Dossion fils.

ACTE V.

CAVALCADE.

Le Sr VESTRIS fils.

Les Srs Le Breton, Guillet jeune, Simonet, Duchaine, Abraham.

PEUPLE *à pied.*

Les Srs Le Roy, Ducel, Candeille, Trupti.

Les Dlles Muller, Adélaïde, Raine, Jenny.

PLANETES.

LE SOLEIL,		Henry.
MERCURE,		Le Breton.
VÉNUS,		Guillet j.
LA TERRE,	*Les Sieurs*	Simonet.
LA LUNE,		Abraham.
JUPITER,		Trupti.

MARS,	*Les Sieurs*	Guillet.
SATURNE,		Duchaine.

CAPRICORNE.

Le Sieur DAUBERVAL.

LES QUATRE VENTS.

SUD,	*Les Sieurs*	Nivelon.
NORD,		Laurent.
EST,		Barré.
OUEST,		Le Doux.

LES QUATRE PARTIES DU MONDE.

EUROPE,	*Les Dlles*	Godeau.
ASIE,		Lafond.
AFRIQUE,		Coulon.
AMÉRIQUE		Puissieux.

LES QUATRE ÉLÉMENS.

LE FEU,	*Les Sieurs*	Hennequin.
L'EAU,		Laval fils.
L'AIR,		Le Bel.
LA TERRE,		Giguet.

ACTEURS.

CHRISTOPHE, (*Castor*) Le Sr Dugazon.

PIERRE-LUC, (*Pollux*) Le Sr Gardel le j.

TIRELIRE, (*Télaïre*) La D[lle] Arnoult.

BÉBÉ (*Phœbé*) La D[me] Gontier.

PERLINPINPIN, (*Jupiter*) Le Sr Despréaux.

VIF-ARGENT, (*Mercure*) Le Sr Laurent.

CONCIERGE DE PERLINPINPIN, (*Hébé*) La D[lle] Guimard.

LA BONNE, *gouvernante de Bébé*, (*Cléone*) La D[lle] Dufayel.

TOCTOC, *Portier de Perlinpinpin*, (*Le Grand-Prêtre*) Le Sr Desessart.

OMBRE *heureuse*, La D[lle] Lafond.

L'INSENSÉ, (*Lincée*) Le Sr Laurent.

CHANSONNIER, (*Un Athlete*) Le Sr Trial.

VIEILLARD, Le Sr Trial.

LE TRÉPAS, Le Sr Pérès.

CINQ BOUFFONS,	La Dlle Lafond. Les Srs Le Doux. Le Breton. Petit. Candeille.

QUATRE VOIX.

UN FACTEUR *de la petite Poste*, Le Sr Dossion fils.

La Scène est dans le Royaume de Perlinpinpin.

CHRISTOPHE

CHRISTOPHE ET PIERRE-LUC, *PARODIE.*

ACTE PREMIER.

Le Théâtre représente une salle à manger, le couvert est mis pour quarante personnes, on voit tout l'appareil d'une noce.

SCÈNE PREMIERE.

BÉBÉ, *& sa vieille* BONNE.

LA BONNE.

AIR : *Nous nous marierons Dimanche.*

PIERRE-LUC enfin
Dit hier matin,

Qu'il se marieroit Dimanche;
Oui, oui, son cœur,
Pour votre sœur,
S'épanche;
Homme d'honneur
Il a l'humeur
Très-franche;
Ce n'est pas faux bruit,
Madame, il l'a dit,
Et c'est aujourd'hui Dimanche.

AIR: *Ton humeur est, Catherine.*

Mais, mais, mais Bébé soupire,
D'où peut provenir cela?

BÉBÉ.

C'est que ma sœur Tirelire
Jamais ne l'épousera;
Tu verras du tintamarre,
Ce n'est pas encor la fin;
Je crains sur-tout ce bizarre,
De Monsieur Perlinpinpin.

LA BONNE.

AIR: *Du haut en bas.*

Perlinpinpin
Est Magicien, Astronome;
Perlinpinpin
En fait tout autant que Jupin,
En sortilége, ah! dieu, quel homme!
Non, jamais on n'en verra comme
Perlinpinpin.

Il est pere de Pierre-Luc & de Christophe: voici comme la chose se passa.

AIR : *La nuit quand j'pense à Jeannette.* (Des Ensorcelés.)

Jadis à Lœda, pour plaire
Et lui prouver son amour,
En déjeûnant à Cythere
Il lui fit un plaisant tour ;
Il dit : Brelique & Breloque
De Jacob prit le bâton,
Il frappe un œuf à la coque,
Paf, il sortit un poupon.

AIR : *A la façon de Barbari.*

Un autre coup lui succéda ;
On vit paroître un frere.
A ces enfans, lui dit Lœda,
Je servirai de mere.
Je les prendrai dans ma maison,
La faridondaine, la faridondon ;
Ma foi, vous voilà pere ici,
Biribi,
A la façon de barbari,
Mon ami.

Pierre-Luc, comme l'ainé, a hérité de sa mere ; & cadet Christophe, n'a que ce que son frere veut bien lui donner ; une fois que Pierre-Luc aura épousé Tirelire, Christophe est à vous ; vous êtes riche, & votre sœur n'a pas grand'chose.

BÉBÉ.

Elle est bien mieux partagée que moi.

A IR : *J'ai rêvé toute la nuit.*

Feu mon cher pere en mourant,
Pour nous fit un teſtament ;
Ma ſœur eut l'air ſéduiſant,
Moi je n'eus pas tant. (*bis.*)
Ma ſœur eut l'air ſéduiſant,
Je n'eus que l'argent comptant.

LA BONNE.

Ce Chriſtophe ne vous a-t-il pas fait la cour pendant un tems ? Par quel haſard a-t-il changé ?

BÉBÉ.

A IR : *Vous qui voulez des Chanſonnettes.*

J'aimois Chriſtophe ſans allarmes ;
Quand de ma ſœur il vit les charmes ;
Je ne ſais où ;
Il me cherche à l'inſtant querelle,
Pour mieux faire la cour à celle
Dont il eſt fou.

LA BONNE.

La noce de Pierre-Luc va changer tout cela ; Chriſtophe reviendra ſous vos loix.

BÉBÉ.

Non, il ne reviendra pas ; il eſt trop entêté ; & je crains, de plus, que Pierre-Luc ne cede aux pleurs de ſon frère ; il eſt ſi bonnaſſe !

A IR : *Branle de Metz.*

Le ſeul eſpoir qui me reſte,
Eſt l'amour de l'Inſenſé ;

Tirelire le déteste,
Il en est tout courroucé.
L'amour, le dépit, la rage,
Le rendent comme un lion,
Et je prétends faire usage
De son manque de raison :
Sans en dire davantage,
Sortons de cette maison.

(*Elles sortent.*)

SCENE II.

TIRELIRE *seule, un mouchoir à la main.*

AIR : *Triste raison.*

Pleurez, mes yeux, contentez mon envie;
Pleurez, pleurez, vous n'avez plus qu'un jour.
Ce soir, hélas ! ce soir je me marie :
Ce soir il faut renoncer à l'amour. (*Fin.*)

J'aime Christophe, & j'épouse son frere,
Vu tous les biens qu'il a ; par droit d'ainé,
Quand l'un a tout, l'autre est dans la misere;
Que ce partage est mal imaginé !

Pleurez, mes yeux, contentez mon envie,
Pleurez, pleurez, vous n'avez plus qu'un jour.
Ce soir, &c.

SCENE III.

CHRISTOPHE, TIRELIRE.

CHRISTOPHE.

AIR : *Adieu donc, Dame Françoise.*

ADIEU, belle Tirelire,
Princesse pleine d'appas.

TIRELIRE.

Prince, ne me parlez pas.

CHRISTOPHE.

Je n'ai qu'un mot à vous dire :
C'est qu'en tous tems, en tous lieux,
Je serai votre amoureux ;
Adieu, belle Tirelire,
Princesse pleine d'appas.

TIRELIRE.

AIR : *Est-il donc vrai Lucile ?*

Quoi ! vous partez, Christophe ;
Et moi je reste ici.

CHRISTOPHE.

Je vais, en Philosophe,
Vivre à Mississipi.

TIRELIRE.

Et que dit votre frere ?

CHRISTOPHE.

Il permet nos adieux ;
Je puis, ſans lui déplaire,
Voir encor vos beaux yeux.

TIRELIRE.

AIR : *Contentons-nous d'une ſimple bouteille.*

Vous connoiſſez de mon cœur la foibleſſe,
Vous auriez dû partir *incognito.*
Prince, partez, laiſſons-là la tendreſſe,
Sortez, fuyez, allez, partez, *preſto.*

CHRISTOPHE.

De votre cœur connoiſſant la foibleſſe,
Oui, j'aurois dû partir *incognito.*

SCÈNE IV.

PIERRE-LUC, CHRISTOPHE, TIRELIRE,

PIERRE-LUC.

AIR : *Du Tonnelier.* (Vaudeville.)

NON, Chriſtophe, demeure ici.

CHRISTOPHE.

Je ne le puis, mon très-cher frere.

PIERRE-LUC.

Baiſe-lui la main, mon ami.

CHRISTOPHE.

Non, je craindrois de vous déplaire.

PIERRE-LUC.

Vas toujours, je le veux ainsi.

CHRISTOPHE *baise la main de Tirelire.*

Je le fais pour vous satisfaire.

PIERRE-LUC, *tout bas à son frere.*

Embrasse-la sous le menton.

CHRISTOPHE.

Je le veux bien,

TIRELIRE.

Finissez donc

PIERRE-LUC.

Baise-la, baise-la, baise-la, là,
Jusqu'à tems qu'elle dise holà. (*bis.*)

AIR : *Sous le nom de l'amitié.*

Juge de mon amitié,
J'adore cette belle ; (*bis.*)
Juge de mon amitié,
Pour te prouver mon zèle,
Qu'elle soit ta moitié.

(*En mettant la main de Christophe dans celle de Tirelire.*)

TIRELIRE ET CHRISTOPHE.	PIERRE-LUC.
Ah ! grands dieux !	J'aime mieux,
Ah ! grands dieux !	J'aime mieux,
Ah ! grands dieux !	J'aime mieux ton amitié.
Quelle amitié !	

PIERRE-LUC.

Je vous défends de me remercier ; voilà tout le monde qui vient ſe mettre à table ; Chriſtophe, prenez la place qui m'étoit deſtinée.

SCÈNE V.

(Les Gens de la noce entrent ſur la Scène.)

PIERRE-LUC, *à toute la compagnie.*

AIR : *Mariez-moi.*

Pour obliger mon cadet,
Je renonce au mariage;
J'imagine qu'il eſt fait
Pour être heureux en ménage.

(Avec le Chœur.)

Marions, marions, marions-les,
Ils ſeront heureux, je gage;
Marions, marions, marions-les,
Que leurs vœux ſoient ſatisfaits !

(Tout le monde ſe met à table, & mange en meſure ſur l'air ſuivant.)

Six Bouffons viennent chanter pendant le repas) :

Viva, viva, viva, amor, &c.

(Un Baſque & une Baſque danſent un pas de caractere.)

SCÈNE VI.

Les Acteurs précédens, un Facteur de la petite Poste entre, & remet une lettre à PIERRE-LUC.

PIERRE-LUC, *à la compagnie.*

PERMETTEZ-VOUS?

CHŒUR.

Certainement, certainement, certainement.

PIERRE-LUC.

Ah ! ciel !

TOUS LES CONVIVES, *les uns après les autres.*

Qu'est-ce que c'est ?

PIERRE-LUC, *après avoir lû bas, chante :*

AIR. *De Joconde.*

Mil sept cent soixante dix-huit,
Dimanche trois Septembre,
Chez vous on doit faire grand bruit
Jusques dans votre chambre ;
Un certain Monsieur l'Insensé,
Que Bébé va conduire,
Doit après avoir tout cassé
Enlever Tirelire.

PIERRE-LUC, CHRISTOPHE, *ensemble.*

AIR : *Je ne sais à quoi me résoudre.*

Mon fusil, du plomb, de la poudre,
Et je vais lui casser les bras. (*bis.*)

TIRELIRE.

Ce malheur est un coup de foudre, (*bis.*)
Pour moi pire que le trépas.

(*Sur un bruit de guerre, les Convives s'arment de ce qui est sur la table. Les soupieres servent de casques; les plats, de boucliers; les fourchettes, d'épées, & on met les serviettes au bout des manches à balais pour former des drapeaux.*)

(L'INSENSÉ *paroît à la tête des siens, pour enlever* TIRELIRE; CHRISTOPHE *monte sur la table avec* L'INSENSÉ, *& combattent,* L'INSENSÉ *lui donne un croc en jambe.*)

(*Il se fait alors un grand silence.*)

(*Quatre voix différentes, dans les quatre coins du Théâtre, derriere les coulisses.*)

UNE VOIX.

AIR : *Vous m'entendez bien.*

Ah! quelle perte!

UNE AUTRE VOIX.

Ah! quel malheur!

UNE AUTRE VOIX.

Ah! quel chagrin!

UNE AUTRE VOIX.

Quelle douleur!

UNE AUTRE VOIX.

L'affreuse catastrophe!

TIRELIRE.

Hé bien?

UNE AUTRE VOIX.

Il n'est plus de Christophe,
Vous m'entendez bien.

TIRELIRE, *tombant dans les bras de ses femmes.*

AIR : *Prélude de serinette.*

Ah! . . . .
Je me trouve mal.

UNE VOIX.

Air : *De l'Opéra.*

Enlevons Tirelire.

(*Le bruit de guerre recommence, L'INSENSÉ arrive & met TIRELIRE dans une hotte; PIERRE-LUC rassemble son armée, dont les trois quarts sont estropiés, la plûpart sont manchots, les autres ont des béquilles, d'autres les yeux crevés.*)

(*PIERRE-LUC prend un panier à chemise, & met avec adresse L'INSENSÉ dessous, puis il le darde avec son épée; arrivent des gens avec des brouettes, qui emportent les malades.*)

Fin du premier Acte.

ACTE II.

Le Théâtre représente une Cave, au fond de laquelle on voit differentes cruches, où sont les cendres des Héros du pays. La cruche dans laquelle sont les cendres de CHRISTOPHE, *est élevée sur un tonneau avec des guirlandes de fleurs, une grande lanterne éclaire cette Caverne. Les deux plus grands amis de Christophe sont assis près de sa cruche.*

SCÈNE PREMIERE.

TOUS LES AMIS DE CHRISTOPHE *arrivent au tombeau ; ils sont en deuil.*

CHŒUR.

CANON.

AIR : *Grégoire est mort.*

CHRISTOPHE est mort,
Quel triste sort !
Il étoit-là,
Et le voilà,
Présentement
Dans le néant,
Il ne boit plus ;

Il ne rit plus
Il ne ſent plus,
Il n'y voit plus,
Il n'entend plus,
Cris ſuperflus.

SCÈNE II.

TIRELIRE, *en deuil.*

AIR : *Paiſible bois, verger délicieux.*

TRISTE ſéjour d'un Amant malheureux,
Je prétends habiter votre ſombre caverne ;
Le ſoleil me fait mal aux yeux,
Et j'aime mieux cette lanterne.

AIR : *Dupont mon ami.*

Mon cher amoureux,
Ne pouvant te ſuivre
Dans ces lieux affreux,
Je veux toujours vivre.

Triſte ſéjour, &c.

(*avec le Chœur.*)

Chriſtophe eſt mort,
Quel triſte ſort, &c.

SCÈNE III.

Les mêmes, PIERRE-LUC, *& sa suite, portant les dépouilles de l'Insensé.*

PIERRE-LUC, *aux Pleureurs.*

Air : *Des folies d'Espagne.*

FINIREZ-vous de répandre des larmes,
Les pleurs, les cris ne font pas revenir;
Si la vengeance à vos yeux a des charmes,
Je suis vainqueur, il faut vous divertir.

Air : *Sans chien & sans houlette.*

Ne pleurez plus, Madame, (*bis.*)
Christophe est bien vengé. (*4 fois.*)
De cette lame
J'ai percé
L'Insensé; (*bis.*)
J'ai percé, (*bis.*)
J'ai percé l'Insensé
De cette lame,
J'ai percé l'Insensé,
Il tiroit tierce,
Je me renverse.

(*Il raconte le combat en prose à sa fantaisie, à la maniere des Maîtres-d'armes, & reprend l'ariette.*

Ne pleurez plus, &c.

CHŒUR.

Air : *Ah ! p'tit Jean, hausse-moi.*

Unissons nos voix,
Pour chanter un si grand homme ;
Unissons nos voix
Pour célébrer ses exploits.

PIERRE-LUC.

Enfin, Madame, vous devez être contente, celui qui cause votre peine est immolé.

TIRELIRE.

Mais celui qui faisoit tous mes plaisirs l'est aussi, & je veux le suivre.

PIERRE-LUC.

C'est une folie.

TIRELIRE.

Ce seroit déja fait si une lueur d'espérance....

PIERRE-LUC.

Que dites-vous ?

TIRELIRE.

Perlinpinpin.....

PIERRE-LUC.

Je comprends, il faut avouer que je n'y pensois pas.

TIRELIRE.

Quoi ! Pierre-Luc, vous iriez demander Christophe.

PIERRE-LUC.

PIERRE-LUC.

AIR : *Marche du Déſerteur.*

Oui, pour avoir mon frere,
Je vais chez Perlinpinpin,
Il eſt ſorcier, c'eſt mon pere,
Il ne me refuſe rien.

TIRELIRE *avec le* CHŒUR, *à gauche du théâtre.* (*très-doux.*)

Quoi! pour avoir ſon frere
Il va chez Perlinpinpin.

CHŒUR, *à droite du théâtre.* (*très-fort.*)

Il eſt ſorcier, c'eſt ſon pere,
Il ne lui refuſe rien.

PIERRE-LUC.

Il ſera ſenſible à mes larmes;
Oui, oui, je vais le conjurer,
Je lui peindrai nos allarmes,
Je ne ferai que pleurer,
Et de l'enfer, par ſes charmes,
S'il veut, il peut le tirer.

Avec le CHŒUR, (*deux fois.*) *La premiere fois très-doux; la ſeconde très-fort.*

Oui, pour ravoir mon frere
Je vais chez Perlinpinpin,
Il eſt ſorcier, c'eſt mon pere,
Il ne me refuſe rien.

Oui Madame, Chriſtophe reviendra, je vous en réponds.

TIRELIRE.

Je n'oſe eſpérer un bonheur auſſi grand.

PIERRE-LUC.

Je connois le pouvoir de mon pere, il reviendra.

TIRELIRE.

AIR : *Dans un verger Colinette.*

Donnez l'exemple à la terre,
Vous qui ne doutez de rien;
Pour montrer ce que peut faire
Poudre de Perlinpinpin,
Escamotez votre frere
A son barbare destin.

PIERRE-LUC.

Amusez Tirelire, dissipez ses ennuis par des chants & des danses, occupez ses oreilles & ses yeux; tant qu'elle pensera à cela, elle ne pensera pas à autre chose. (*Il sort.*)

(*Ballet, & combat de gladiateurs avec des vessies; arrive un des combattans qui a perdu un œil; il joue des airs sur son violon & chante des couplets qu'on danse en rond; on apporte un tableau où sont représentés les plus belles actions de la vie de* CHRISTOPHE.)

SCÈNE IV.

UN CHANTEUR,

ÉLOGE funèbre de Monsieur Christophe.

I

AIR : *De Raton & Rosette.*

Nos neveux ne pourront croire
Le Héros que vous pleurez;

Messieurs, voici le mémoire
De ses bonnes qualités.
Le cœur brave,
L'esprit grave,
Et d'un savoir très-profond,
D'une vaillance sans pareille,
En bon mots très-fécond,
Extravagant,
Très-savant,
Très-vaillant,
Très-plaisant,
Surprenant,
C'étoit une merveille, (*bis pour le Chœur.*)

2

Il savoit bien la musique,
Mais encor mieux le trictrac;
Il avoit pour chose unique
Un excellent estomac.
Ce jeune homme
Mangeoit comme
Quatre hommes qui mangent bien;
D'une honnêteté sans pareille
Il ne refusoit rien,
Il chantoit bien,
Jouoit bien,
Mangeoit bien,
Buvoit bien,
Parloit bien,
C'étoit une merveille. (*bis pour le Chœur.*)

3

Pour n'avoir pas l'air austère
Il passoit les nuits au jeu,
D'un excellent caractère,

Mais il s'emportoit un peu,
Quoique ſage
Failoit rage,
Quand ſon argent il perdoit.
Sa valeur étoit ſans pareille,
Il crioit, il juroit,
Par la ſembleu,
Ventrebleu,
Ou corbleu,
Ou morbleu,
Tout en bleu,
C'étoit une merveille. (*bis.*)

4.

Senſible il verſoit des larmes;
S'il recevoit deux ſoufflets,
Il tiroit fort bien des armes,
Toujours avec des fleurets.
A la guerre
Par derriere
Ses ſoldats il ſe mettoit;
Sa prudence étoit ſans pareille,
Tout chacun l'admiroit.
Homme vaillant,
Pétillant,
Turbulant,
Étonnant,
Mais prudent.
C'étoit une merveille, &c. (*bis.*)

(*On danſe.*)

Fin du ſecond Acte.

ACTE III.

SCÈNE PREMIERE.

(*Le Théâtre représente une rue , on voit au fond une porte cochere , il y a à côté une petite fenêtre pour parler au Portier.*)

PIERRE-LUC, *assis sur un banc près de la porte.*

Air : *C'est bien doux.* (Des trois Fermiers.)

I.

DOUCE amitié , regne en mon cœur ,
Sois , de mes sens , toujours maîtresse ,
Pénétré de ta noble ivresse ,
Par toi l'on connoît le bonheur ,
De t'obéir je fais promesse. (*bis.*)
(*bis.*) (*bis.*)
Dans mon cœur , commande sans cesse.

I I.

Est-il au monde un bien plus grand
Que d'obliger ce que l'on aime.
Oui , voilà le bonheur suprême.
Non , rien n'est plus intéressant,

Mon cœur ſent un plaiſir extrême (*bis.*)
(*bis.*)
De ſervir deux objets que j'aime.

(*Il frappe à la fenêtre du Portier.*)

AIR : *O mai, ô mai.*

Toctoc, ouvrez auſſi-tôt,
Car j'ai bien affaire.
Il faut que je diſe un mot
A mon très-cher pere.
Mais ouvrez donc.
Ah Dieux ! que vous êtes long.

SCÈNE II.

(*Il ſe fait un grand ſilence, on entend ouvrir les verroux, & un bruit conſidérable de clefs.*)

PIERRE-LUC, TOCTOC, *ouvre la porte cochere.*

TOCTOC.

AIR : *Reçois dans ton galetas.*

LE plus grand eſcamoteur
Qui ſoit de France à la Chine,
Ce grand, ce fameux enchanteur,
Dans ces lieux va montrer ſa mine ;
Je vous préviens, n'ayez pas peur,
Il vient dans toute ſa ſplendeur. (*bis.*)

(*Le Théâtre change, on voit l'appartement de Perlinpinpin ; il eſt dans un fauteuil, un crocodile ſous les pieds, toute la chambre eſt remplie de ſerpens, & peinte avec des ſignes magiques.*)

SCÈNE III.

PIERRE-LUC, PERLINPINPIN, VIF-ARGENT, *portant la boîte à poudre de Perlinpinpin.*

MAGICIENS.

PIERRE-LUC, *à genoux.*

AIR : *Charmante Gabrielle.*

I.

Puissant esprit magique,
De grace, écoute-moi ;
D'un regard plus comique
Dissipe mon effroi.
A ton art, ô mon pere,
Je dois le jour ;
Pour ton fils, daigne faire
Encore un tour.

II.

Sur le rivage sombre
Christophe est descendu,
Son corps n'est plus qu'un ombre.
O sort inattendu !
Montre par ton grimoire
Aux ignorans,
Que l'on doit toujours croire
Aux revenans.

PERLINPINPIN.

AIR : *Mes enfans, il fera jour demain.*

Mon fils, je ne demande pas mieux ;
Mais, mais c'est une chose impossible.
Je ne puis le tirer de ces lieux,
L'enfer est un gouffre inaccessible.

Quiconque y descend une fois
N'en revient plus, je t'en assure,
C'est le secret de la nature, } (*bis, pour le Chœur*
Je ne peux braver ses loix. } *de Magiciens.*)

PIERRE-LUC.

AIR : *Un petit Capucin, ouin, ouin.*

Donne-moi de ta poudre
J'y descendrai. (*bis.*)
Donne-moi de ta poudre
J'irai
Et reviendrai.
Je narguerai Pluton
Au fond
De son gouffre profond ;
Je braverai la foudre
Et les éclairs
Et l'univers.
Donne-moi de ta poudre
Et je vais aux enfers.

PERLINPINPIN.

AIR : *La bonne aventure, ô gué.*

Tu veux dans ton désespoir
Braver la nature,
Et du grand Royaume noir
Forcer l'ouverture.

Vif-Argent.

Voilà la clef du tiroir,
Apporte mon livre noir.

Pierre-Luc.

Dans l'instant tu vas savoir
Ta bonne avanture.

(*Vif-Argent va chercher le Livre.*)
(*Marche de Magiciens.*)

PERLINPINPIN, *après avois feuilleté le Livre.*

AIR : *Marche des deux Avares.*

Si cela peut te divertir
Tu peux partir
Pour l'avenir;
C'est ton plaisir,
Suis ton désir;
Mais il faut t'avertir,
Te prévenir,
Pour ne te pas trahir,
Que tu ne pourras revenir
Pour jouir.
Ton cadet reverras le jour,
Toi, mon fils, tu resteras pour
Qu'on soit sûr de son retour.
S'il ny redescent pas
Tu resteras là-bas;
Oui, oui, là-bas,
Pour payer son trépas.
Tu verras,
Tu feras
Dans l'embarras,
N'y vas pas.

PIERRE-LUC.

AIR : *Non, non, Colette n'est point trompeuse.*

Non, non, mon pere, il faut que j'expire
Si cadet n'est avec moi. } (*bis.*)
Qu'il épouse Tirelire;
Ils se sont jurés leur foi.
S'il faut qu'un des deux expire,
Il vaut mieux que ce soit moi.

Non, non, &c.

PERLINPINPIN.

AIR : *Du ſerein qui te fait envie.*

1

Vous qui faites chérir la vie,
Venez ici, ſexe charmant,
Pour lui faire changer d'envie;
Employez votre air ſéduiſant,
Les mots ont bien plus d'énergie,
Avec vos doux agacemens,
De vos jolis yeux la magie
Surpaſſe mes enchantemens.

(*à Pierre-Luc.*)

2

Avant de ſuivre ta folie,
Vois ce que tu perds dans ces lieux;
Montrez-lui les biens de la vie,
Du vin, des belles & des jeux;
Mon Bordeaux vaut de l'Ambroiſie.
Goûte, goute ce jus divin,
Et ſi tu ſuis ta fantaiſie
Viens me trouver dans mon jardin.

(*Il ſort ſuivi de tous les Magiciens.*)

SCÈNE IV.

(On apporte des tables à jouer, avec des jettons & des cartes. Deux joueurs de volans, deux joueurs de bilboquets exécutent, en mesure, différens exercices.)

LA CONCIERGE, *suivie des Plaisirs de Circassie* & PIERRE-LUC.

LA CONCIERGE.

(On danse

AIR : *Ma Pantouffle est trop étroite.*

POUR vous amuser
Nous allons faire une ronde.
Pour vous amuser,
Avec nous venez danser.

PIERRE-LUC.

Je ne saurois danser
Quand je pars pour l'autre monde.
Je ne saurois danser,
Allons, laissez-moi passer.

LA CONCIERGE.

Voulez-vous souper
Entre la brune & la blonde ;
Voulez-vous souper,
Nous allons vous dissiper.

PIERRE-LUC.

Je ne saurois manger

Quand je pense à l'autre monde,
Je ne saurois manger
Quand je songe à voyager.

(On danse.)

(Entrée des Ris ou Riboteurs.)

LA CONCIERGE.

Air : *Je tiens d'un Auteur très-grave qu'à Rome un des gros bonnets.*

1.

Le Dieu charmant de l'ivresse
Est l'adorable Bacchus,
Et la charmante Vénus
D'amour est la Déesse.
Jouez, riez avec les Amours
Et laissez-là la gloire,
Il vaut mieux vivre deux ou trois jours,
Que cent ans dans l'histoire.

2.

Jupiter aimoit la table,
Même il y restoit fort tard.
Plus il prenoit de nectar,
Plus il étoit aimable.

(Avec le Chœur de Riboteurs.)

Jouez, &c.

3.

Le Dieu Mars que l'on contemple
Étoit sensible à l'amour,
A Vénus il fit la cour,
Suivez donc son exemple.

(Avec le Chœur.)

Jouez, &c.

4.

Qu'importe que dans un livre
Que souvent on ne lit pas,
On mette après le trépas,
Il refusa de vivre.

(*Avec le Chœur.*)

Jouez, riez avec les amours,
Et laiſſez-là la gloire,
Il vaut mieux vivre deux ou trois jours,
Que cent ans dans l'hiſtoire.

(*On danſe & l'on joue à toutes ſortes de jeux*)

LA CONCIERGE.

AIR : *De la Camargo.*

Voulez-vous, poulet,
Faire un lanſquenet.
Aimez-vous le piquet,
Ou le bilboquet.
Voulez-vous, l'ami,
Faire un biribi.
Aimez-vous paire ou non,
Ou le Pharaon.
A la belle,
A la belle,
Je vois, vous voulez jouer.

PIERRE-LUC.

Votre zèle,
Votre zèle,
Ne peut me faire échouer.

LA CONCIERGE.

Jouons petit jeu,
Mais jouons un peu
A la paume, au billard,
A colin-maillard.
Jouons au tonton
Ou bien, mon chaton,

Jouons au corbillon,
Dites, qu'y met-on?

Aimez-vous le brelan,
Le wisque ou le volan,
Voulez-vous le loto
Ou le franc-carreau;
Mais la belle,
Oui, la belle
Est des jeux
Le plus voluptueux.

Voulez-vous, poulet,
Faire un lansquenet,
Aimez-vous le piquet
Ou le bilboquet,
Jouons au tonton,
Ou bien, mon chaton,
Jouons au corbillon,
Dites, qu'y met-on?

PIERRE-LUC.

AIR: *Un grand Clerc.*

Oui vraiment,
C'est charmant;
Lorsque l'on à rien à faire,
Quel plaisir
A loisir
De pouvoir se divertir.
Mais, hélas!
Il faut que j'aille là-bas.
Oui, là-bas, chercher mon frere
Chez Pluton.
Je suis pressé, laissez-moi donc.

CHŒUR DE FEMMMES, *en danſant autour de lui.*

Non, non, non, non,
Non, non, non, mon cher ami,
Vous ſoupez ici.
Oui, oui, oui, oui,
Oui, vous ſouperez ici,
Mon cher bon ami.

PIERRE-LUC.

AIR : *O Mahomet.*

Ainſi que vous, aimables Demoiſelles,
Je hais la peine & j'aime le plaiſir;
Mais ſur mon compte on feroit des libelles,
Si j'avois l'air de craindre de mourir;
Ainſi que vous, aimables Demoiſelles,
Je hais la peine, & j'aime le plaiſir.

LA CONCIERGE.

AIR : *Contentons-nous d'une ſimple bouteille.*

Vivez pour vous, vivez en Philoſophe,
Et croyez-moi, moquez-vous des propos.
Dans les enfers laiſſez votre Chriſtophe,
Abandonnez le métier de héros.
Pour être heureux, vivez en Philoſophe,
Et croyez-moi, moquez-vous des propos.

PIERRE-LUC *reprend la finale de l'avant-dernier air.*

Non, non, non, non,
Je n'entends pas de raiſon,
Je vais chez Platon.

CHŒUR DE FEMMES, *en danſant*

Si, ſi, ſi, ſi,

Si, vous ſouperez ici.

(*Pendant le point d'orgue*, *Pierre-Luc dit* : deſcampativos, *& ſe ſauve.*)

(*Tout le monde le ſuit en chantant.*)

AIR : *De la Camargo.*

Voulez-vous, poulet,
Faire un lanſquenet, &c.

Fin du troiſième Acte.

ACTE

ACTE IV.

Le Théâtre représente un Antre affreux ; on voit au fond une Caverne sur laquelle est écrit ; Hôtel du Trépas, *& une trape pour descendre.*

SCÈNE PREMIERE.

VIF-ARGENT & PIERRE-LUC, *tenant une lanterne à la main.*

AIR : *Je sommeille (de la chercheuse d'esprit.)*

Qu'il fait noir, quel maudit chemin,
Je voudrois bien être à la fin,
Il me semble
Voir quelque chose écrit là-bas.
Oui, lisons, *Hôtel du Trépas*,
Grands Dieux je tremble.

SCÈNE II.

LE TRÉPAS, PIERRE-LUC.

LE TRÉPAS, *une faulx à la main.*

Où vas-tu ?

PIERRE-LUC.

Là-bas.

LE TRÉPAS.

D'où viens-tu ?

PIERRE-LUC.

De là-haut.

LE TRÉPAS.

Comment t'appelle-tu ?

PIERRE-LUC.

Pierre-Luc, fils de Perlinpinpin.

LE TRÉPAS.

Voyons ton passe-port ? Quel est le Médecin qui t'a traité ? Quelle étoit ta maladie ? Ton pays ? Ton métier ? Combien y a-t-il d'heures que tu es mort ?

PIERRE-LUC.

Je ne le suis pas.

LE TRÉPAS.

Tu ne l'es pas, & tu veux entrer ici.

PIERRE-LUC.

Oui & malgré toi.

LE TRÉPAS.

Tu n'entreras pas.

PIERRE-LUC.

J'y entrerai.

LE TRÉPAS.

Tu n'entreras pas te dis-je.

PIERRE-LUC.

De quel droit m'empêcher d'entrer ; qui es-tu donc ?

LE TRÉPAS.

Je ſuis le Trépas.

PIERRE-LUC.

Ah, ah, Monſieur eſt le maître de ce logis, eh bien ! je vais vous dire ce qui m'amene. Chriſtophe mon fere eſt ici depuis ce matin, je viens lui offrir de prendre ſa place. Ce trait d'amitié-là n'eſt pas commun, laiſſez-moi paſſer pour la rareté du fait, & je fais ſerment de par tous les diables que...

AIR : *De tous les Capucins du monde.*

L'un des deux avant un quart-d'heure
Sortira de votre demeure.

LE TRÉPAS.

Je n'entends rien à ce micmac.

PIERRE-LUC.

Qu'exigez-vous pour récompense,
Monsieur use-t-il du tabac?

(Ouvrant sa tabatiere.)

LE TRÉPAS.

A m'endormir en vain tu pense.

AIR: *Joseph est bien marié.*

Tu n'entreras pas ici
Avec l'habit que voici,
Ce n'est pas-là le costume,
Il faut suivre la coutume,
Si tu veux passer ces bords,
Vas là-haut quitter ton corps.

PIERRE-LUC.

Vous ne le voulez pas de bonne volonté, eh bien! je vais y entrer de force.

LE TRÉPAS.

AIR: *Ouverture de Pigmalion.*

Meaux de l'univers,
O vous qui peuplez les enfers,
Venez ici monstres divers;
A ma voix qu'on déchaîne
La fievre & la migraine,
Le mal caduc, les fluxions,
La goutte & les afflictions,
La colique, les douleurs,
Les chagrins, les vapeurs,

(Les meaux sortent des enfers.)

Défendez ce bord
Contre un mortel qui n'est pas mort.

SCÈNE III.

Marche sur laquelle tous les Meaux sortent en dansant selon leur genre ; la migraine *se tient la tête*, la fievre *marche inégalement en se tâtant le pouls*, *la* goutte *se traîne*, la colique *se frotte le ventre &c.*

LE TRÉPAS.

AIR : *Joseph est bien marié.*

ARRETEZ-MOI ce vivant (*bis.*)
Qui veut entrer tout grouillant, (*bis.*)
Pour reprimer son audace
Faites-lui tous la grimace,
Faites fuir par votre train
Le fils de Perlinpinpin.

CHŒUR DE DIABLES, *en dansant.*

Arrêtons tous ce vivant (*bis.*)
Qui veut entrer tout grouillant, (*bis.*)
Pour reprimer son audace
Faisons lui tous la grimace,
Faisons fuir par notre train
Le fils de Perlinpinpin.

PIERRE-LUC.

Malgré vos ongles, vos dents, (*bis.*)
Je descendrez là-dedans, (*bis.*)
Je ne crains pas les menaces,
Je me moque des grimaces,
Fuyez tous, craignez la main
Du fils de Perlinpinpin. (*On danse.*)

LE TRÉPAS.

AIR : *Trois petits couteaux dans une gaine.*

Pour que cet imprudent s'en aille,
Faites vîte un grand feu de paille;
Amis du feu, du feu, du feu
Et faites-le cuire en ce lieu :
Apportez de la paille
Et mettez-y le feu.

CHŒUR *de diables.*

Pour que cet imprudent s'en aille,
Faisons vîte un grand feu de paille;
Vîte du feu, du feu, du feu,
Pour le faire cuire en ce lieu :
Ose braver la paille,
Ose braver le feu.

PIERRE-LUC.

Retirez-vous de là, canaille
Je brave tous vos feux de paille,
Je vais descendre dans ce lieu,
Malgré le feu, le feu, le feu;
Je braverai la paille,
Je braverai le feu.

CHŒUR *de diables.*

AIR : *Joseph est bien marié.*

Tu n'entreras pas ici,
Avec l'habit que voici;
Ce n'est point là le costume,
Il faut suivre la coutume,

(PIERRE-LUC, *donne des soufflets à tous les diables & avec une houpe, leur jette de la poudre de Perlinpinpin; ils se sauvent en criant.*)

Sauvons-nous, craignons la main,
Du fils de Perlinpinpin.

SCENE IV.

(Le Théâtre change, on ne voit qu'un grand voile blanc qui remplit la Scène, les Acteurs sont derriere, & moyennant une seule lumiere qui est au fond du Théâtre, les Ombres de ceux qui jouent, se trouvent représentées sur le voile, de sorte que les Spectateurs ne voyent que des Ombres, danser & chanter pendant le reste de cet Acte. On voit les Parques se promener en filant.)

PARQUES.

AIR : *Le temps passe, comme le fil entre mes doigts.*

L'OMBRE DE CHRISTOPHE, *seule.*

AIR : *Menuet d'Exaudet.*

JE suis mort,
Que mon sort,
Est funeste.
L'affreuse insipidité.
Toute l'éternité,
Il faudra que je reste,
Dans ces lieux,
Si sérieux,
Et si sombres ;
On n'a ni goût, ni dégoût,
Et l'on trouve partout,
Des Ombres. *(Fin.)*

Ciel ! quelle monotonie
Et l'on se plaint de la vie ;
Vertuchoux,
De grands foux,
Tous nous sommes ;
Non, non, des morts le premier,
Ne vaut pas le dernier
Des hommes.

AIR : *Boire à son tirelire lire.*

Mais, pourquoi dans mon cœur,
Existe-t-il encore,
Une brûlante ardeur ?
Quoi, l'amour le dévore !
Quoi, chez les morts,
Aux sombres bords,
Il pense à Tirelire-lire,
Il pense à Toureloure-lour,
Pense à l'amour.

OMBRE HEUREUSE.

AIR : *Des Bergeres du Hameau.*

I.

Dans ces lieux accourez tous
Pour voir un nouveau visage,
Que sur ce sombre rivage,
Il soit heureux comme nous :
Nos ombres y sont paisibles,
Nous ne connoissons plus de pleurs ;
Plus de plaisirs, plus de douleurs ; } *Bis, pour le Chœur de Nains.*
Nous sommes tous insensibles.

II.

Il semble avoir des chagrins,
Entre ses dents il murmure ;

Ombre oubliez la nature,
Et les fragiles humains ;
Soyez sans inquiétude,
Nous y sommes depuis mille ans,
Les siécles nous sont des momens, } *Bis pour le Chœur des Nains.*
Tout dépend de l'habitude.

(Les Ombres dansent.)

OMBRE HEUREUSE.

AIR : *Trop de pétulence.*

I.

Vous qui regorgez de richesse,
Et qui vous ennuyez partout ;
Malheureux que rien n'intéresse,
Qui des plaisirs, êtes à bout;
Quittez le monde & l'opulence,
Votre vrai bonheur, le voici :
Car l'indifférence
Regne ici ;
Oui, l'indifférence
Regne ici.

II.

Jadis par la Métempsycose,
J'ai parcouru tous les états ;
Chacun pense la même chose,
Héros, poltrons, Princes, goujats,
Tout le monde à l'avenir pense
Sans jouir des moments présents ;
Et par prévoyance } *Bis pour le Chœur des Géans, à grosse voix.*
On perd le tems

III.

Là-haut l'intérêt nous domine,
Ici tout est indifférent ;
Là-haut sans cesse on se chagrine,
Ici l'on est toujours content ;

Là-haut l'on fait des balourdises,
On descend ici, l'on les dit;
Et de ces sottises, } *bis pour le Chœur de*
Chacun rit. } *Géans, à grosse voix.*

(*On danse.*)

CHRISTOPHE.

AIR: *mi, mi, fa, ré, mi.*

Je ne vois par-tout que danse.
A ma noce on a dansé,
L'on fit des sauts en cadence
Lorsque je fus trépassé;
L'on danse ici bas,
Malgré le trépas;
Dessus ou dessous,
Les hommes sont fous.

(*On danse.*)

CHŒURS, *d'Ombres dansants.*

AIR: *Ah! il n'est point de fête.*

Ici toutes nos affaires
Sont de chanter & danser;
Dansons donc, ombres légéres,
Voyons qui peut mieux sauter.
Ah!

En disant le mot ah! PIERRE-LUC paroît sur le devant de la Scène, pardevant le voile; & les Ombres sautent par dessus la lumiere qui est au fond, ce qui les fait disparoître.)

SCENE V.

PIERRE-LUC, *seul.*

AIR : *Rassurez-vous belle Princesse.*

RASSUREZ-VOUS, êtres paisibles ;
Bien loin de troubler vos asyles
Je viens demeurer avec vous :
Pourquoi vous enfuyez-vous tous?

AIR : *Cà fait toujours plaisir.*

Après la derniere heure
Quand nous avons vécus,
Voici donc la demeure
De ceux qui ne sont plus ;
Quelle immensité d'êtres
L'on doit trouver céans,
De valets & de Maîtres
Depuis des millions d'ans,
Des foux, des sots, des iroquois,
Des Turcs, des Abbés, des Chinois.

RÉCITATIF.

Christophe paroissez.

SCENE VI.

PIERRE-LUC, *l'ombre de* CHRISTOPHE, *paroit.*

L'ombre de CHRISTOPHE.

BONJOUR, mon frere, comment vous portez-vous ?

PIERRE-LUC.

O cadet ! que je suis bien-aise de te revoir !

ENSEMBLE, *en s'embrassant.*

Oôôôôô !

CHRISTOPHE.

AIR : *Ah ! q'c'est joli !*

Comment se porte Tirelire ?

PIERRE-LUC.

Mon ami, tu peux l'épouser.

CHRISTOPHE.

Ce n'est pas-là l'instant de rire.

PIERRE-LUC.

Pour cela, je viens te chercher.

CHRISTOPHE.

Pour un rien, je t'enverrois paître.

PIERRE-LUC.

C'est la vérité, mon ami.

CHRISTOPHE.

Sérieusement je vais renaître,

PIERRE-LUC.

Perlinpinpin le veut ainsi.

ENSEMBLE.

Ah ! q'c'est joli, ah ! q'c'est joli !

PIERRE-LUC.

AIR : *Des pendus.*

Vas vîte faire ton paquet,
Bon voyage, mon cher cadet;
Monte ſur la machine ronde,
Dis bien des choſes à tout le monde;
Prends la lanterne que voici,
Pour gage, ami, je reſte ici.

AIR : *Du haut en bas.*

Du haut en bas,
Pour toi j'ai deſcendu, cher frere;
Du haut en bas,
Je viens t'enlever au trépas.
Dépêche-toi de t'y ſouſtraire,
Ou nous pourrions reſter, cher frere.
Tous deux en bas.

CHRISTOPHE.

Même Air.

Du bas en haut;
Je retournerois ſans mon frere,
Du bas en haut;
Tu me prends donc pour un maraut,
C'eſt à moi de reſter ſous terre,
Ne pouvant retourner, cher frere,
Tous deux en haut.

PIERRE-LUC.

AIR : *On vit des démons.*

Tu remonteras,
Tu remonteras.

CHRISTOPHE.

Mais, mon ami c'est impossible,
Vivre à tes dépens, seroit horrible.

PIERRE-LUC.

Je l'ai promis, tu renaîtras;
Oui, malgré toi tu renaitras;
Je te donne tout mon argent
Et tout ce que j'ai de vaillant;
Mon cher ami, quitte le néant.

CHRISTOPHE.

Vivre à tes dépens seroit horrible.

PIERRE-LUC.

AIR : *M'aimes-tu.* (De Rose & Colas.)

Vas là-haut.

CHRISTOPHE.

Non, vas-y toi-même

PIERRE-LUC.

Vas là-haut.

CHRISTOPHE.

Non, vas-y toi-même.

PIERRE-LUC.

Vas-y,
Mon ami,
Tirelire t'aime.

CHRISTOPHE.

R : *Des plaisi s de Creteil.* (Contredanse.)

Tu me prends (*bis.*)
Par l'endroit le plus sensible,
Tu me prends, (*bis.*)

PIERRE-LUC.

Cher ami, tu perds le tems ;
Christophe Tirelire attend ;
La faire attendre est horrible.

PIERRE-LUC.	CHRISTOPHE.
Elle attend,	Il me prend,
Elle attend ;	Il me prend,
Il faut partir dans l'instant.	Par l'endroit le plus ardent.

PIERRE-LUC.

Je suis sûr qu'en ce moment
Elle appelle son amant.

PIERRE-LUC.	CHRISTOPHE.
Je le prends,	Tu me prends,
Je le prends,	Tu me prends,
Par l'endroit le plus sensible ;	Par l'endroit le plus sensible ;
Elle attend,	Tu me prends,
Elle attend.	Tu me prends ;
	Mon cher ami, je me rends.

(CHRISTOPHE *repasse devant le voile, & PIERRE-LUC derriere.*)

CHRISTOPHE.

AIR : *Annette à l'âge de quinze ans.*

Je ne veux que la voir un peu,
Baiser sa main, lui dire adieu ;
Je fais serment
Qu'au même instant
Je te rends l'âme,
Le jour, ta femme
Et ton argent.

L'ombre de PIERRE-LUC.

AIR : *Tendre baiser sur bouche demi-close.*

Bon soir, cadet

CHRISTOPHE.

Sans adieu mon cher frere.

PIERRE-LUC.

Reste là-haut.

CHRISTOPHE.

Je reviendrai demain.

PIERRE-LUC.

C'est inutile, ah ! souviens-toi de faire
Mes compliments à tout le genre-humain.

AIR : *O Mahome !*

Dans la Gazette il faut sur tout, mon frere,
Faire imprimer ce que j'ai fait pour toi ;
A chaque instant il vient des gens sous terre,
Fais moi savoir ce que l'on dit de moi.

Dans la Gazette, &c.

Fin du quatrieme Acte.

ACTE

ACTE V.

SCÈNE PREMIERE.

Le Théâtre représente le devant de la maison de Perlinpinpin.

UN VIEILLARD ET UNE VIEILLE.

LA VIEILLE.

AIR : *La sagesse est un trésor.*

OUI, Christophe est revenu.

LE VIEILLARD.

Mais vous avez la brelue. (*bis.*)

LA VIEILLE.

Je vous dis que je l'ai vu.

LE VIEILLARD.

Vous avez mauvaise vue.

LA VIEILLE, *en mettant ses lunettes.*

Mais j'avois mis mes lunettes.

LE VIEILLARD.

Vous me contez des fornettes.

LA VIEILLE.

Ce ne ſont point des ſornettes,
Car j'avois mis mes lunettes.

LE VIEILLARD.

Qui vous parle de lunettes,
Vous me contez des ſornettes.

ENSEMBLE.

Ce ne ſont point des ſornettes,
Car j'avois mis mes lunettes. (*bis.*)
Mes lunettes
Sont bien nettes,
Bien nettes,
Sont mes lunettes. (*bis.*)
J'y vois avec mes lunettes,
Ce ne ſont point des ſornettes, (*bis.*)
J'y vois avec mes lunettes.

Que m'importe vos lunettes,
Que m'importe vos ſornettes. (*bis.*)
Vos ſornettes,
Vos lunettes,
Vos lunettes,
Vos ſornettes. (*bis.*)
Ce ſont de pauvres lunettes,
Vous me contez des ſornettes, (*bis.*)
Ce ſont de pauvres lunettes.

SCÈNE II.

CHŒUR D'HOMMES *à cheval, entrant l'un après l'autre & courant au grand galop; ils font le tour du Théâtre en chantant le Canon suivant, & s'arrêtent tous sur une file du côté opposé à l'entrée de Christophe.*

CANON.

AIR: *Qui va là, c'est le Roi.*

CHRISTOPHE est revenu,
Je l'ai vû, je l'ai vû.
Tu l'a vû, tu l'a vû,
Il l'a vû, il l'a vû.

LE VIEILLARD *dit toujours :*	LA VIEILLE, *pendant le Canon, dit :*
Tu l'as vû, tu l'as vû.	Il l'a vû, il l'a vû.

SCÈNE III.

Les Acteurs précédens, CHRISTOPHE ET TIRELIRE, *entourés d'une foule de peuple à pied.*

CHŒUR DE PEUPLE, *à pied.*

AIR : *La bonne avanture.*

IL n'est point du tout changé,
Il a bon visage,
Il paroît moins emprunté
Depuis ce voyage.
Je le crois même engraissé
Depuis qu'il a trépassé.
Il n'est point du tout changé,
Il a bon visage.

CHŒUR *à cheval autour du Théâtre, en courant au grand galop.*

CANON.

AIR : *Qui va là, c'est le Roi.*

Le voilà, le voilà,
Il est là, il est là,
Le voilà, le voilà,
Il est là, il est là.

LA VIEILLE.

AIR : *De la Touriere.*

L'autre monde est-il bien grand,
Y fait-on grand étalage,
Y ment-on impunément,
Fait-on tout pour de l'argent.

LE VIEILLARD.

S'y bat-on à chaque instant,
De jouer a-t-on la rage,
Y voit-on des courtisans,
Y reconnoît-on des rangs.

LA VIEILLE.

Que font là-bas les gourmands,
De manger est-ce l'usage.
A-t-on des besoins pressants,
Voit-on des extravagants.

LE VIEILLARD.

L'on est fol étant vivant,
Quand on est mort est-on sage.
A-t-on beaucoup d'agrément
Si l'on ni voit ni ne sent.

LA VIEILLE.

Les Procureurs, les Sergents
Y font-ils du gribouillage.
Fait-on de faux jugemens,
Y trompe-t-on bien des gens.

LE VIEILLARD.

Est-on toujours mécontent
Lorsque l'on est en ménage.
S'y querelle-t-on souvent,
De s'aimer fait-on semblant.

LA VIEILLE.

Y fait-on de faux serments
Avec un riant visage.
Trouve-t-on de tems en tems
Sous les roses des serpents.

LE VIEILLARD.

Les Hebreux, les Allemands
Ont-ils le même langage.
Pleut-il ou fait-il beau tems,
Voit-on grandir les enfans.

LA VIEILLE.

Se ſert-on de ces cinq ſens
Près de ce ſombre rivage.
Et pendant des milliers d'ans
A quoi paſſe-t-on ſon tems.

CHRISTOPHE.

AIR : *Pour la Baronne.*

C'eſt un myſtere,
Je ne puis vous en dire plus,
Car j'ai fait ſerment de me taire.
Ne demandez rien là-deſſus,
C'eſt un myſtere.

CHŒUR.

(Le peuple en danſant autour de lui, la cavalerie caracole à la même place, & chante.)

AIR : *La bonne avanture.*

Il n'eſt point du tout changé,
Il a bon viſage;
Il paroît moins emprunté
Depuis ce voyage.
Depuis qu'il a trépaſſé
Je le crois même engraiſſé,
Il n'eſt point du tout changé,
Il a bon viſage.

CHRISTOPHE.

AIR : *Si jamais je fais un ami.*

(*Au Chœur à pied.*)

Peuple, ceſſez de danſer,
Ce n'eſt point l'inſtant d'une fête.

(*Au Chœur à cheval.*)

Et vous, ceſſez de chanter,
Vous me faites mal à la tête.
Mes amis, éloignez-vous tous,
Faut-il quatre fois vous le dire.
Peuples, éloignez-vous,
Éloignez-vous,
Je veux parler à Tirelire.

(*Tout le monde s'en va en chantant.*)

Chriſtophe eſt revenu,
Je l'ai vû, je l'ai vû.
Tu l'a vû, tu l'a vû.
Il l'a vû, il l'a vû.

SCÈNE IV.

TIRELIRE, CHRISTOPHE.

TIRELIRE.

AIR : *Tu croyois en aimant Colette.*

LES renvoyer n'eſt pas honnête,
Mon cher Chiſtophe, avouez-le.

CHRISTOPHE, *avec colere.*

Oh! j'ai bien autre choſe en tête.

(*Tendrement.*)
Princesse, vous disiez donc que....

TIRELIRE.

AIR : *Si des galans de la ville.*

Pour avoir l'air héroique,
Pour empêcher les propos,
Par un verre d'émétique
J'allois terminer mes maux.
J'espérois que la colique
Me conduiroit vers Minos;
Mais ma terreur est panique,
Je vous revois cher héros,
Cela n'est-il pas comique
De revenir du tombeau;
Mais quel air mélancolique.
Qu'avez-vous, mon tendre agneau.

CHRISTOPHE.

AIR : *Colin, sur un verd gazon..*

Je vais vous faire l'aveu
De mon chagrin, je quitte ce lieu,
Adieu.

TIRELIRE.

Quel est ce nouveau revers.

CHRISTOPHE.

Je vais aux enfers.

TIRELIRE.

Cieux,
Dieux,
Lieux
Affreux.

CHRISTOPHE.

Mais je vais, ma chere
Envoier mon frere.

TIRELIRE, *le retenant par ſon habit.*

Vous n'irez pas là-bas,
Non, je ne le veux pas.

CHRISTOPHE.

Pierre-Luc reviendra,
Il vous épouſera.

J'ai fait ſerment d'être de retour avant neuf heures.

TIRELIRE.

N'avez-vous jamais manqué à votre parole; eſt-ce là l'inſtant de la tenir, Chriſtophe, mon cher Chriſtophe; minet, mouton, poulet, pigeon.

CHRISTOPHE.

Ah! ma tourterelle, il faut te quitter.

DUO.

Air: *De la Furſtemberg.*

TIRELIRE.

A tes genoux, Tirelire,
T'implore pour tarder ton départ.

CHRISTOPHE, *en tirant ſa montre.*

Je ne puis. Ah! quel martyre;
Il eſt neuf heures un quart.

TIRELIRE.

Laiſſe-moi du moins te ſuivre.

CHRISTOPHE.

Quoi! me ſuivre. Non, toi tu dois vivre.

TIRELIRE.

Non, c'eſt toi.

CHRISTOPHE.

C'eſt toi.

TIRELIRE.

C'eſt moi.

CHRISTHOPHE.

C'eſt moi.

TIRELIRE.	CHRISTOPHE.
Et toi, tu dois vivre pour moi.	Et moi, je vais ſuivre la loi

CHRISTOPHE.

De mes jours voilà la fin,
C'eſt mon deſtin.
Perlinpinpin
N'eſt point badin.
Ceſſons ces entretiens.
(*On entend le tonnerre.*) Tiens,
L'entens tu touſſer
Marcher,
Moucher.
Oui, Oui,
C'eſt lui.

TIRELIRE.

Je fuis;
Mais je ne puis.
(2e. *repriſe.*) Soutiens-moi donc, car j'expire.

CHRISTOPHE.

Quoi! je vois mourir ma Tirelire;
Dans ſa main frappons,
Pan, pan, tâchons....
Elle ouvre les yeux,
Ça va mieux.

TIRELIRE.

Tiens prend-moi.

CHRISTOPHE.

Quoi.

TIRELIRE.

Toi.

CHRISTOPHE.

Quoi.

TIRELIRE.

Bien.

CHRISTOPHE.

Hin.

TIRELIRE.

Rien.

CHRISTOPHE.

Hin.

TIRELIRE.

Si

Ainſi.

CHRISTOPHE.

Quoi, ſi.

TIRELIRE.

Oui, non.

Bon

CHRISTOPHE.

Dieux, elle bat la campagne.

TIRELIRE.

De très-beaux.

CHRISTOPHE.

Quoi beaux.

TIRELIRE.

Châteaux.

CHRISTOPHE.

Châteaux.

TIRELIRE.

D'Eſpagne.

CHRISTOPHE.

Quoi.

Folle elle eſt ſur ma foi.

AIR : *Des Trembleurs.*

Avec cette extravagance
Elle a perdu connoiſſance,
Et je vais, par prévoyance,
Lui deſſerrer ſon corſet ;
Mais je n'y puis rien comprendre
Je ne ſçai par où m'y prendre,
A la vie il faut la rendre,
Ma foi rompons le lacet.

(*On entend un air de flageolet.*)

AIR : *Réveillez-vous belle endormie.*

La voluptueuſe harmonie,
Je crois entendre un ſanſonnet ;
Ouvrez les yeux ma belle amie.
Non ma foi c'eſt un perroquet.

SCENE V.

(Le Théâtre représente le grand Cabinet de Perlinpinpin, avec une table & des gobelets d'Escamoteur.)

PERLINPINPIN, *descend du Ciel à cheval sur un perroquet.* *Les* ACTEURS *précedents.*

PERLINPINPIN.

AIR : *De l'amour tout subit les loix.*

Je viens de parler au destin
Pour qu'il calme votre chagrin,
Il est sensible à votre peine,
Et vous allez en voir la fin ;
Il est allé chez Jupiter
Pour qu'il écrive à Lucifer,
D'ordonner que l'on vous ramene
Pierre - Luc de l'enfer.

TIRELIRE & CHRISTOPHE.

(2e. *reprise de* l'Air.)

Ah ! Monsieur, } Que d'attentions.
Ah ! Papa, }
De plaisir mon cœur se transporte,
Il n'est point d'expressions,
Non, il n'en est point d'assez forte
Pour ce que je sens.

PERLINPINPIN.

Laissons-là tous les remercîmens.

CHRISTOPHE.

Je ſuis encor dans l'embarras,
Mon frere eſt bien long-temps là-bas,
Et je crains qu'en paſſant Cerbere
Ne lui faſſe des trous aux bas.

PERLINPINPIN.

Examinez bien ce tour-là,

(Il leve les gobelets, pour montrer qu'il n'y a rien.)

Vous ne voyez rien ſous cela.
Il s'agit de ravoir ſon frere;
Un, deux, trois, le voilà.

(Il touche avec ſon bâton, & Pierre-Luc ſe trouve deſſous un des gobelets.)

CHRISTOPHE.

AIR: *De la Fit-James; contredanſe.*

Eſt-ce bien Pierre-Luc que j'embraſſe,
Eſt-ce lui que je tiens dans mes bras.

PIERRE-LUC.

Oui, c'eſt bien Pierre-Luc que t'embraſſe,
Oui, c'eſt lui que tu tiens dans tes bras.

ENSEMBLE.

Au grand Perlinpinpin rendons grace, } *(bis.)*
Nous voilà ſaufs & ſains gros & gras, }

Le plaiſir que j'ai dans ce moment,
De nous voir tous trois enſemble;
Le plaiſir que j'ai dans ce moment

Eſt charmant, charmant, charmant;
Par nos ſauts que la terre tremble, } (*bis.*)
Montrons notre contentement.

Pas de trois, entre TIRELIRE, CHRISTOPHE *&* PIERRE-LUC.

CHŒUR.

Même AIR.

Eſt-ce bien Pierre-Luc qu'il embraſſe, } (*bis.*)
Eſt-ce bien lui qu'il tient dans ſes bras.
Au grand Perlinpinpin rendons grace, } (*bis.*)
Les voilà ſaufs & ſains gros & gras.
Le plaiſir qu'ils ont dans ce moment,
De ſe voir tous trois enſemble,
Le plaiſir qu'ils ont dans ce moment
Eſt charmant, charmant, charmant.
Par nos ſauts que la terre tremble, } (*bis.*)
Montrons notre contentement.

PERLINPINPIN.

Aux Génies qui portent ſur leurs têtes des globes repréſentants le SOLEIL, MERCURE, VENUS, *la* LUNE, *la* TERRE, JUPITER, MARS, *&* SATURNE.

AIR : *Viens, donne-moi le bras.*

Vous qui portez
De ces machines rondes,
Obéiſſez, repréſentez

Le mouvement des mondes.
Globes divers,
Entrez, entrez en danſe,
Echantillons de l'univers,
Circulez en cadence.

(*Sur un* AIR: *D'Angloiſe, les génies exécutent le ſyſtême de Copernic.*)

VAUDEVILLE.

(*Tous les trois chantent le rondeau.*)

TIRELIRE.

AIR: *Chantons les Matines de Cythere.*

D'HONNEUR cette hiſtoire eſt très-comique,
Il faut la chanter juſqu'à demain,
Il faut célébrer l'effet magique
De la poudre de Perlinpinpin.

Vous étiez mort, vous êtes envie,
En vérité je n'en reviens pas,
Oui, j'en ſuis encor toute ébôbie;
Quoi! l'on peut revenir du trépas.

ENSEMBLE.

D'honneur cette hiſtoire eſt très-comique,
Il faut la chanter juſqu'à demain,
Il faut célébrer l'effet magique
De la poudre de Perlinpinpin.

CHRISTOPHE.

CHRISTOPHE.

J'ai péri ſous les coups d'un barbare,
Et j'ai vu le ſéjour ténébreux ;
Si j'ai vu les horreurs du tenare,
Dans vos charmans yeux je vois les cieux.

ENSEMBLE, *avec le Chœur.*

D'honneur cette hiſtoire eſt très-comique,
Il faut la chanter juſqu'à demain,
Il faut célébrer l'effet magique
De la poudre de Perlinpinpin.

PERLINPINPIN.

Capricorne quittez le tropique,
Sud, nord, eſt, oueſt, terre, onde, air, feu ;
Europe, Aſie, Afrique, Amérique,
Venez vous divertir en ce lieu.

(*En chantant ce couplet, il fait différens ſignes magiques avec ſon bâton de Jacob ; les quatre vents paroiſſent en ſoufflant ; les quatre parties du monde viennent jouer aux quatre coins ; les quatre éléments ſortent à leur tour, la terre ſort par une trape, l'onde arrive avec un paraſol, l'air plane autour du théâtre & le feu ſort par la cheminée ; le Capricorne tombe du ciel, & danſe la Chaconne.*)

PIERRE-LUC.

C'eſt comme une lanterne magique,
L'on y voit mille tableaux divers,

Nôces & festins, combats, musique,
Tombeau, plaisirs, pleurs, chant, danse, enfers.

TOUS TROIS ENSEMBLE, *avec le Chœur.*

Chantons cette poudre merveilleuse,
Célébrons son étonnant pouvoir,
Vantons cette piece curieuse,
Où l'on voit tout ce que l'on peut voir.

Un Ballet général termine la Parodie.

www.ingramcontent.com/pod-product-compliance
Ingram Content Group UK Ltd.
Pitfield, Milton Keynes, MK11 3LW, UK
UKHW021626260726
13994UKWH00003B/1097